Campeones del Super Bowl: Los Indianapolis Colts

Linebacker **Robert Mathis**

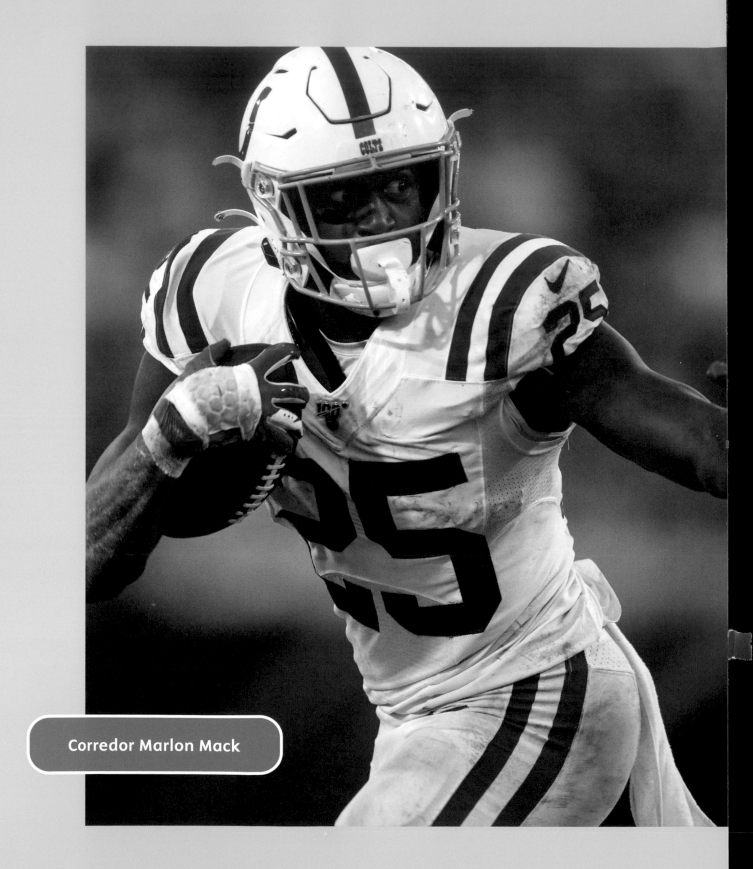

Corredor Marlon Mack

CAMPEONES DEL SUPER BOWL

LOS INDIANAPOLIS COLTS

MICHAEL E. GOODMAN

CREATIVE EDUCATION / CREATIVE PAPERBACKS

Publicado por Creative Education y Creative Paperbacks
P.O. Box 227, Mankato, Minnesota 56002
Creative Education y Creative Paperbacks son marcas
editoriales de The Creative Company
www.thecreativecompany.us

Diseño y producción de Blue Design (www.bluedes.com)
Dirección de arte de Rita Marshall
Traducción de TRAVOD, www.travod.com

Fotografías de Alamy (Cal Sport Media, ZUMA Press, Inc.),
AP Images (ASSOCIATED PRESS), Getty Images (Focus On
Sport, George Gojkovich, Chris Graythen, Andy Lyons,
Stacy Revere, Marc Serota, Rick Stewart, Rob Tringali/
SportsChrome), Pexels.com (Josh Hild)

Información del Catálogo de publicaciones está disponible
de la Biblioteca del Congreso.

ISBN 978-1-64026-652-0 (library binding)
ISBN 978-1-68277-208-9 (paperback)
ISBN 978-1-64000-793-2 (eBook)

Receptor abierto Reggie Wayne

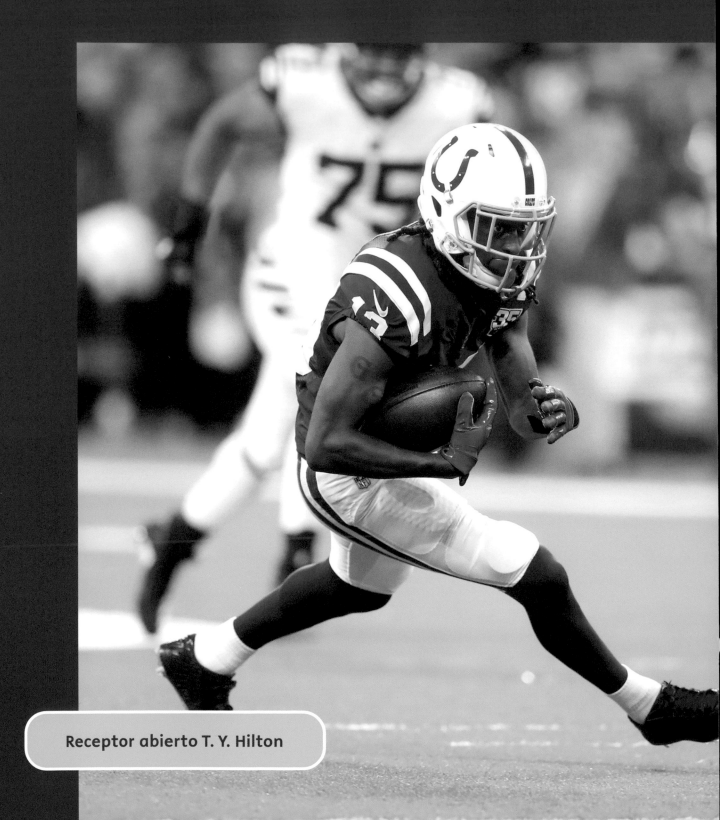

Receptor abierto T. Y. Hilton

CONTENIDO

Hogar de los Colts

Indianápolis, Indiana, se encuentra en el centro de los Estados Unidos.

Una famosa carrera de autos de 500 millas (804.7 km.) se lleva a cabo ahí cada mes de mayo. La ciudad también es conocida por su equipo de futbol americano, los Colts. Los Colts juegan en el **estadio** Lucas Oil Stadium.

Los Colts son parte de la Liga Nacional de Futbol Americano (NFL). Uno de sus mayores rivales son los Tennessee Titans. Todos los equipos de la NFL intentan ganar el Super Bowl. El ganador es el campeón de la liga.

Quarterback Andrew Luck

Elegirse el nombre de los Colts

Los Colts comenzaron en Baltimore en 1953. Los aficionados amaban el futbol americano. También les encantaban las carreras de caballos. Se hizo un concurso para nombrar al equipo de futbol americano. Los aficionados escogieron Colts. Un *colt* es un potro, un caballo joven. Los jugadores de los Colts tienen una herradura azul de la suerte en sus cascos.

Entrenador Weeb Ewbank

Historia de los Colts

Los Colts permanecen en Baltimore durante 31 años. Con el entrenador Weeb Ewbank, el equipo ganó campeonatos consecutivos de la NFL en 1958 y 1959. En ambas ocasiones jugaron contra los New York Giants.

El *quarterback* de brazo fuerte, Johnny Unitas, lanzó muchos pases de **touchdown**. El veloz receptor Raymond Berry atrapó muchos de ellos. El duro liniero defensivo Gino Marchetti **capturaba** a los *quarterbacks*. Nunca parecía cansarse.

Quarterback **Johnny Unitas**

Corredor Eric Dickerson

Los Baltimore Colts jugaron en el Super Bowl III (3) y el Super Bowl V (5). El Super Bowl V fue muy emocionante. Los Colts ganaron con un **gol de campo** en el último segundo. ¡Fueron los campeones!

Después de que los Colts se mudaran a Indianápolis, el veloz corredor Eric Dickerson anotó muchos *touchdowns*. Pero los Colts no llegaron a las **eliminatorias** con mucha frecuencia.

E l alto *quarterback*, Eli Manning, se unió al equipo en 1998. Lanzó muchos pases largos a los receptores Marvin Harrison y Reggie Wayne. Le entregó el balón al corredor Joseph Addai para obtener grandes victorias. Todos ayudaron a los Colts a ganar el Super Bowl XLI (41).

Quarterback **Peyton Manning**

19

Linebacker **Darius Leonard**

Otras estrellas de los Colts

Los aficionados de los Colts han aplaudido a muchos linebackers fuertes. Mike Curtis fue el capitán del equipo de los Colts durante muchas temporadas. Fue uno de los tacleadores más golpeadores de la NFL. Gary Brackett fue el líder de la **defensa** del equipo en los Super Bowls XLI y XLIV (44). Darius Leonard logró la mayor cantidad de tacleadas de toda la NFL en 2018.

En 2018, el entrenador Frank Reich se hizo cargo de los Colts. Esa temporada, llevó al equipo a las eliminatorias. Los fanáticos esperan que pronto lleve a los Colts a otro título de Super Bowl.

Acerca de los Colts

Comenzaron a jugar: En 1953

....

Conferencia/división: Conferencia Nacional,
    División Sur

....

Colores del equipo: azul y blanco

....

Estadio: Lucas Oil Stadium

....

VICTORIAS EN EL SUPER BOWL:

V, 17 de enero de 1971, 16-13 contra los
Dallas Cowboys

....

XLI, 4 de febrero de 2007, 29-17 contra
los Chicago Bears

....

Sitio web de los Indianapolis Colts: www.
    colts.com

....

Glosario

capturar — taclear a un *quarterback* que está tratando de lanzar

....

defensa — los jugadores que intentan evitar que el otro equipo anote

....

eliminatorias — juegos que llevan a cabo los mejores equipos después de una temporada para ver quién será el campeón

....

estadio — un gran edificio que tiene un campo deportivo y muchos asientos para los aficionados

....

gol de campo — anotación realizada pateando el balón entre los postes de la portería para sumar tres puntos

....

touchdown — una jugada en la que un jugador lleva el bolón o lo atrapa en la zona de anotación del otro equipo para anotar seis puntos

....

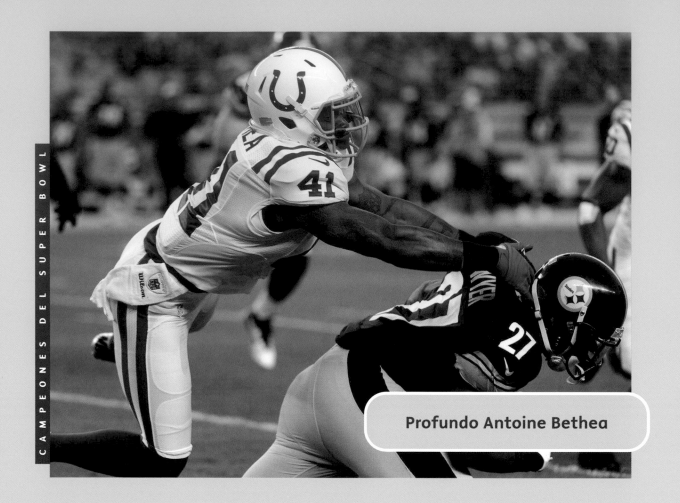

Profundo Antoine Bethea

Índice